CATALOGUE

DE

7822 MONNAIES D'OR

DES XIVᵉ ET XVᵉ SIÈCLES

TROUVÉES A PARIS

LE 6 JUIN 1882

RUE VIELLE-DU-TEMPLE, 26 ET 28

CATALOGUE

DE

MONNAIES FRANÇAISES

TROUVAILLE

FAITE LE 6 JUIN 1882, RUE VIEILLE-DU-TEMPLE, 26 ET 28.

M. FOUQUIAU, ARCHITECTE

47, AVENUE FRIEDLAND, 47

PARIS
IMPRIMERIE PILLET ET DUMOULIN
5, RUE DES GRANDS-AUGUSTINS, 5

1882

7,822 PIÈCES D'OR

DES ROIS

JEAN-LE-BON ET CHARLES V

Y COMPRIS 550 PIÈCES FÉODALES

Décrites par M. Stédransky, numismate.

TABLE

DES MONNAIES EN OR

DÉCRITES DANS CE CATALOGUE

PREMIÈRE PARTIE

MONNAIES ROYALES

§ I. — JEAN-LE-BON, 1350 à 1364.

Pages 7 à 10, 13 articles.
Nombre 1010.

§ II. — CHARLES V, 1364 à 1380.

Pages 11 à 18, 26 articles.
Nombre 6199.

§ III. — PIÈCES USÉES ET FAUSSES, etc.

Pages 18.

Nombre 60 usées.
3 fausses.

63

SECONDE PARTIE

MONNAIES FÉODALES

	Pages.	Nombres.
Guillaume de Beauregard	19, 20 et 21	Unique.
Guillaume II de la Garde	21	1
Raymond, prince d'Orange	22	29
Jeanne de Brabant	23	19
Arnould d'Orey (Rummen)	23	2
Pierre IV d'André (Cambrai)	24	5
Robert II de Genève, Fc à pied	24	6
— Fc à cheval	24, 25, nos 1 et 2	4
Gui VI de Luxembourg (Ligny)	25	7
Waleran III	25	1
Jeanne de Naples, robe descendante	26	3
— robe simple	26, 27, 28 et 29	370
Louis Ier (Provence)	29, nos 1 et 2	100
Louis III, le Masle	30	2

NOTA

Il existe dans la première partie, § 3, des		
Charles Dauphin	17, nos 24 et 25	65
Dauphin de Viennois	17, no 26	16

RÉCAPITULATION

Première partie	7,272
Seconde partie	550
Ensemble	7,822

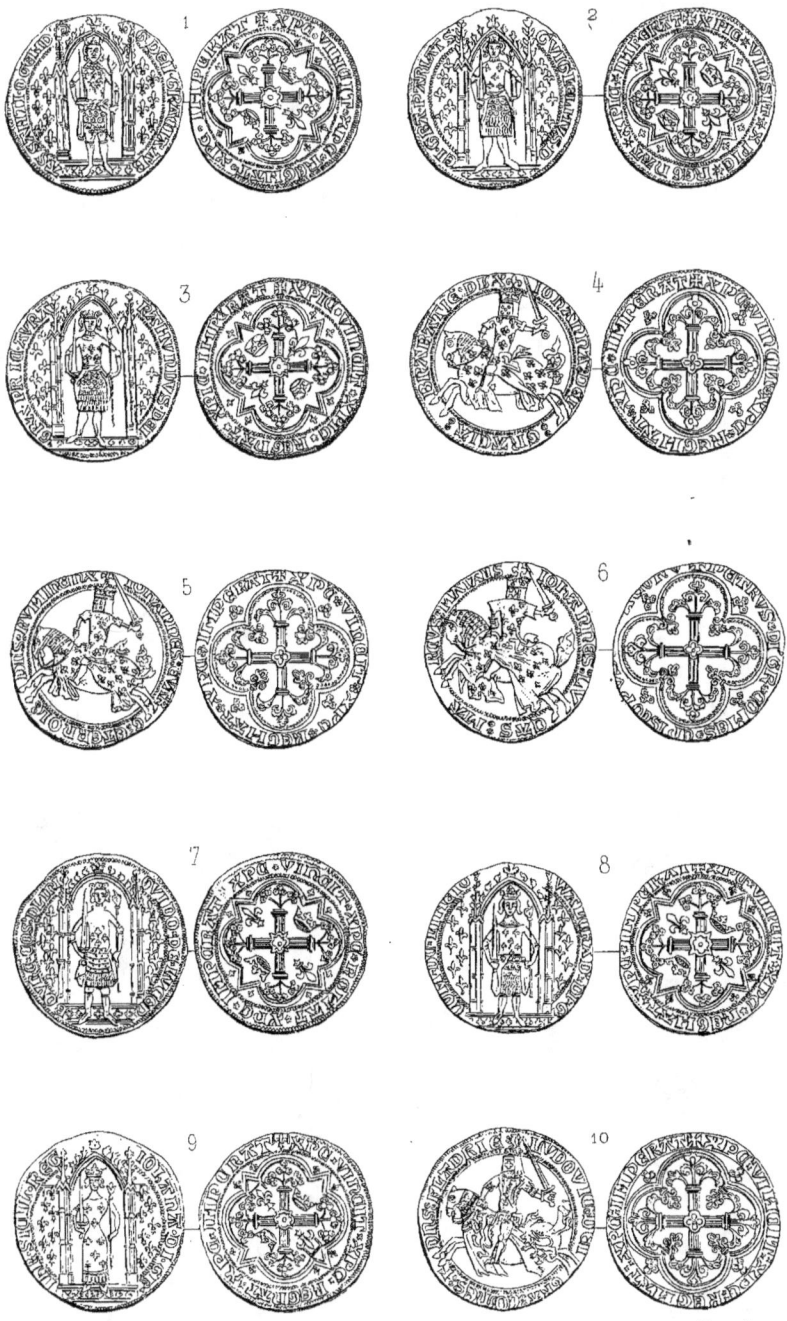

PREMIÈRE PARTIE

MONNAIES ROYALES

JEAN-LE-BON

1350-1364.

§ 1er. — N° 1.

A. IOHANNES : DEI : GRACIA : FRANCORV : REX

                          Or. Franc à cheval.

℟. XPC ✶ VINCIT ✶ XPC ✶ REGNAT ✶ XPC ✶ IMPERAT

                          Nomb. 799.

VARIÉTÉS

N° 2.

A. IOHANNES: DI : GRA : FRANCORV : R

                          Or. Franc à cheval.

℟. XPC ✶ VINCIT   etc.

                          Nomb. 100

N° 3.

A. IOHANNES : DEI : GRACIA : FRACORV : REX

Or. Franc à cheval.

℞. ✶ XPC ✶ VINCIT ✶, etc.

Nomb. 7

N° 4.

A. IOHANNES : DEI : GRACIA : FRANCORV : REX

Or. Franc à cheval.

℞. XPC ✶ VINCIT ✶ , etc.

Nomb. 3.

N° 5.

A. IOHANNES : DEI : GRA : FRANCORV : REX

Or. Franc à cheval.

℞. XPC ✶ VINCIT, etc.

Nomb. 6.

N° 6.

A. IOHANNES : DEI : GRACIA : FRANCORV : REX

Or. Franc à cheval.

℞. XPC ✶ VINCIT ✶ , etc.

Nomb. 2.

N° 7.

A IOHANNES : DEI : GRACIA : FRANCORV : REX

         Or. Franc à cheval.

℞. XPC ✶ VINCIT✶ , etc.

         Nomb. 1.

N° 8.

A. IOHANNES : DI : GRACIA : FRACOR : REX

         Or. Franc à cheval.

℞. XPC ✶ VINCIT ✶, etc.

         Nomb. 1.

N° 9.

A. IOHANNES : DI : GRACIA : FRANCORV : RE

         Or. Franc à cheval.

℞. XPC ✶ VINCIT ✶, etc.

         Nomb. 1.

N° 10.

A. IOHANNES : DI : GRACIA : FRANCORV : X

         Or. Franc à cheval.

℞. XPC ✶ VINCIT, etc.

         Nomb. 2.

N° 11.

A. IOHANES : DEI : GRACIA : FRANCORV : REX

Or. Franc à cheval.

℞. XPC ✶ VINCIT ✶, etc.

Nomb. 75.

N° 12.

A. IOHANES : DEI : GRACIA : FRANCOR : REX

Or. Franc à cheval.

℞. XPC ✶ VINCIT ✶, etc.

Nomb. 1.

N° 13.

A. IOHANES : DI : GRACIA : FRANCORV : REX

Or. Franc à cheval.

℞. XPC ✶ VINCIT ✶, etc.

Nomb. 12.

CHARLES V (LE SAGE)
1364-1380.

§ II. — N° 1er.

A. KAROLVS ✶ DI ✶ GR. FRANCORV ✶ REX.

        Or. Franc à pied.

℞. XPC ✶ VINCIT ✶ XPC ✶ REGNAT ✶ XPC ✶ IMPERAT ✶.

        Nomb. 5,611.

VARIÉTÉS

N° 2.

A. KAROLVS ✶ DEI ✶ GR ✶ FRACORV✶ RX.

        Or. Franc à pied.

℞. XPC ✶VINCIT ✶, etc.
A l'avers, 6 fleurs de lis de chaque côté du dais.

        Nomb. 1.

N° 3.

A. KAROLVS ✶ DI ✶ GR ✶ FRACORV ✶ REX.

        Or. Franc à pied.

℞. XPC ✶ VINCIT ✶, etc.

        Nomb. 1.

N° 4.

A. KAROLVS ✶ DI ✶ GR ✶ FRANCOR ✶ REX

Or. Franc à pied.

℞. XPC ✶ VINCIT ✶, etc.

Nomb. 15.

N° 5.

A. KAROLVS ✶ DI ✶ GR ✶ FRANCORV ✶ RVX

Or. Franc à pied.

℞. XPC ✶ VINCIT ✶, etc.

A l'avers de cette pièce, au mot REX la lettre E est remplacée par un V, ce doit être une erreur de la part du monnayeur.

Nomb. 1.

N° 6.

A. KAROLVS ✶ DI ✶ GR ✶ FRANCORV ✶ REX

Or. Franc à pied.

℞. XPC ✶ VINCIT ✶, etc.

A droite du dais, 9 lis,
A gauche du dais, 8 lis.

Nomb. 1.

N° 7.

A. KAROLVS ✶ DI ✶ GR ✶ FRACORV ✶ REXR

Or. Franc à pied.

℟. XPC ✶VINCIT ✶, etc.

   A droite du dais, 9 fleurs de lis.
   A gauche   —   8   —
   Et au dessus   la lettre R.

                                    Nomb. 1.

N° 8.

A. KAROLVS ✶ DE ✶ GR ✶ FRANCORV ✶ REX

                            Or. Franc à pied.

℟. XPC ✶ VINCIT ✶, etc.

                            Nomb. 4.

N° 9.

A. KAROLVS ✶ DI ✶ GR ✶ FRANCORV ✶ REX

                            Or. Franc à pied.

℟. XPC ✶ VINCIT ✶, etc.

                            Nomb. 2.

N° 10.

A. KAROLVS ✶ DI ✶ GA ✶ FRANCORV ✶ REX

                            Or. Franc à pied.

℟. XPC ✶ VINCIT ✶, etc.

                            Nomb. 1.

N° 11.

A. KAROLVS ✶ DI ✶ GR ✶ FRANCORV ✶ RX

                            Or. Franc à pied.

℟. XPC ✶ VINCIT ✶ , etc.

   Au-dessus du dais, à gauche, la lettre L.

                            Nomb. 1.

N° 12.

A. KAROLV ✶ DI ✶ G ✶ FRANCORV ✶ RX

Or. Franc à pied.

℞. XPC ✶ VINCIT ✶ , etc.
Au-dessus du dais, à gauche, la lettre L.

Nomb. 2.

N° 13.

A. KAROL ✶ DI ✶ GRA ✶ FRANCOR ✶ REX

Or. Franc à pied.

℞. XPC ✶ VINCIT ✶ , etc.
8 fleurs de lis (côté droit).
7 — — (côté gauche).

Nomb. 1.

N° 14.

A. KROLVS·DI ✶ GRA FRANCORV·REX

Or. Franc à pied.

℞. XPC ✶ VINCIT ✶ , etc.

Nomb. 130.

N° 15.

A. KROLVS·DI·GR·FRANCORV·REX

Or. Franc à pied.

℞. XPC ✶ VINCIT ✶ , etc.
2 Variétés.

Nomb. 157.

N° 16.

A. KROLVS ★ DI ★ GR ★ FRANCOR ★ REX

                        Or. Franc à pied.

℞. XPC ★ VINCIT ★, etc.
2 Variétés.

                        Nomb. 79.

N° 17.

A. KAROLVS : DEI : GRACIA FRANCORV : REX

                        Or. Franc à cheval.

℞. XPC ★ VINCIT ★, etc.

                        Nomb. 53.

N° 18.

A. KAROLVS : DEI : GRACIA : FRACOR·V : REX

                        Or. Franc à cheval.

℞. XPC ★ VINCIT ★, etc.

                        Nombre 5.

N° 19.

A. KAROLVS : DI : GRACIA : FRANCORV : REX

                        Or. France à cheval.

℞. XPC ★ VINCIT ★, etc.

                        Nomb. 48.

N° 20.

A. KROLVS : DI : GRA : FRANCOR·V : REX

Or. Franc à pied.

℞. XPC ✶ VINCIT ✶ etc.

Un point existe entre l'R et le V du mot FRANCORV :

Nomb. 1.

N° 21.

A. KAROLS : DEI : GRACIA : FRANCORV : REX

Or. Franc à cheval.

℞. XPC ✶ VINCIT ✶ , etc.

Nomb. 1.

N° 22.

A. KAKAROL : DI : GR FRANCORV : REX

Or. Franc à pied.

℞. XPC. VINCIT, etc.

Cette pièce a été frappée une seconde fois.

Nomb. 1.

N° 23.

A. KAROLVS : DEI : GRACIA : FRANCRV

Or. Franc à cheval.

℞. XPC✶ VINCIT ✶, etc.

Nomb. 1.

N° 24.

CHARLES DAUPHIN

A. KROLVS : DEI : GRACIA : FRACOR : REX
Or. Franc à cheval.

℞. XPC ✶ VINCIT ✶, etc.

Au commencement de la légende du revers, on remarque un dauphin en place de croix.
Nomb. 36.

N° 25.

A. KAROLVS : DEI : GRACIA : FRANCORV : REX
Or. Franc à cheval.

℞. XPC ✶ VINCIT ✶.
Nomb. 29.

Un dauphin existe au commencement de la légende du revers en place de croix.

N° 26.

DAUPHINS DE VIENNOIS
1349-1364.

A. KAROLVS : DEI : GRACIA : FR/ANCORV : REX
Or. Franc à cheval.

℞. XPC ✶ VINCIT ✶, etc.
Nomb. 16.

A l'avers : Le Roi à cheval passant à gauche, la housse du cheval semée de lis. Au revers : Croix fleuronnée dans un entourage à 4 lobes, ayant des trèfles dans les angles rentrants; la légende précédée d'un petit dauphin.

   2 Variétés.   8 avec le fourreau de son épée.
     —   8 sans le   —

§ III.
N° 1.
PIÈCES RARES diverses.

Pièces diverses, en état de mauvaise conservation.

Nomb. 58.

N° 2.

A. KAROLVS ⋆ DEI ⋆ GR ⋆ FRANCORV ⋆ REX
℞. XPC ⋆ VINCIT ⋆, etc.

Nomb. 2.

Remarque : Ces deux pièces étant collées, elles ont été soumises à la frappe au même moment; c'est pourquoi l'une est frappée à l'avers et l'autre au revers.

PIÈCES FAUSSES

N° 3.

JEAN LE BON

A. IOHANNES : DEI : GRACIA : FRACORV : REX

Franc à cheval.

℞. XPC VINCIT, etc.

Nomb. 1.

Cette pièce est en fond plomb, recouverte d'une feuille d'or.

CHARLES V

A. KAROLVS ⋆ DI ⋆ GR ⋆ FRANCORV ⋆ REX

Nomb. 2.

℞. XPC ⋆ , etc.

Ces deux pièces sont en argent, recouvertes d'une feuille d'or.

SECONDE PARTIE

MONNAIES FÉODALES

§ IV.

ABBAYE DE SAINT-OYEN-DE-JOUX

GUILLAUME DE BEAUREGARD, ABBÉ

1373.

A. G·DEI·GRACIA·ABAS SANTI·OYEND'

           Or. Type royal.

Debout entre deux crosses dans un champ de lis.

℞. XPC ✷ VINCIT ✷ XPC ✷ REGNAT ✷ XPC ✷ IMPERAT

 Croix feuillée des écus royaux de France, cantonnée de deux couronnes et de deux fleurs de lis.
 Pièce unique, découverte par M. Stédransky, numismate, chargé du dépouillement de cette découverte.
 Voir ci-après :

  Planche 1, n° 1.

 « En 1373, cet abbé fut poursuivi par le roi de France pour
« avoir imité les monnaies royales, dans un prieuré de sa maison
« situé dans le Mâconnais; trois ans après, cet abbé était excom-
« munié par l'archevêque de Besançon pour avoir fait frapper

« monnaie dans sa terre de Moyrans, comprise dans ce diocèse, et
« il obtenait gain de cause en cour de Rome. »

Voyez A. Barthélemy, page 248, et Ess. sur les monnaies.

L. PLANTET et JEANNEZ.

Page 109 et suivantes.

Voici ce que Poëy d'Avant a écrit au sujet de l'abbaye de Saint-Claude. Voir son ouvrage, *Livre III*, pages 145 et suivantes.

« Les abbés de Saint-Oyen-de-Joux ou Saint-Claude ont joui du
« droit de faire battre monnaie. On a fait remonter l'obtention
« du privilège jusqu'à Pépin. Il est bien avéré qu'il ne fut concédé
« qu'en 1175 à l'abbé Odon II, par l'empereur Frédéric Barbe-
« rousse. Diverses confirmations furent données en 1184, 1196,
« 1311, 1360, 1415. L'atelier monétaire fut établi à Moyrans, petite
« ville du diocèse de Besançon.

« Le monnayage des abbés de Saint-Claude, ayant duré pendant
« un peu plus de deux siècles et demi, comment se fait-il qu'aucun
« de ses produits n'ait encore été retrouvé? Ont-ils employé le type
« impérial sans signer leurs monnaies, et les possédons-nous sans
« avoir le moyen de les distinguer?

« Cela n'est guère croyable, et la monnaie dont le dessin a été
« retrouvé dans les papiers de de Boze n'est pas de nature à lever
« les doutes, étant d'une date trop récente. C'était un écu d'or
« au franc à pied portant d'un côté VVILLELMVS ABBAS SCI
« EVGENDI et au revers XC VINCIT : XC REGNAT XC IMPERAT

« Je me suis livré aux recherches les plus approfondies pour
« retrouver cette empreinte; j'ai fouillé tous les départements
« de la Bibliothèque, mes investigations ont été vaines. On m'a
« appris plus tard qu'il y a quelques années, on fit entre le cabi-
« net de France et la bibliothèque de l'Institut le partage des
« manuscrits de de Boze, contenus dans 4 cartons, et que dans le
« transport d'un établissement à un autre un des cartons a été
« égaré, c'était justement celui qui renfermait la précieuse em-
« preinte de l'écu d'or de l'abbaye de Saint-Oyen-de-Joux. Il faut
« espérer que ces papiers n'auront pas été anéantis et qu'ils repa-
« raîtront tôt ou tard. En cas qu'ils fussent enfouis dans les casiers

« de quelque obscur bouquiniste, j'appelle sur eux l'attention des
« amateurs. Espérons encore que la terre, qui renferme dans son
« sein tant de richesses inconnues, nous rendra bientôt quelques
« variétés de ces curieuses monnaies, ou que nous en verrons
« sortir de quelque cachette inconnue. »

Par ce fait le vœu de M. Poëy d'Avant se trouve réalisé, et j'espère que la précieuse empreinte, dont il a si hautement fait l'éloge, fera le sujet d'une autre découverte.

A. STÉDRANSKY.

GUILLAUME II DE LA GARDE

ARCHEVÊQUE D'ARLES

1360-1374.

A. GVICLELMVS·DE/I·GRA·P ARLATS

Or. Écu.

Figure debout dans un champ semé de lis.
℞. XPC ✶ VINCIT ✶, etc.

Type des écus d'or de France.

Nomb. 1.

Cette pièce diffère de celle qui est au Cabinet de France.
Voy. Poëy d'Avant, page 342, n° 414.
Planche 1, n° 2.

PRINCES D'ORANGE, MAISON DE BAUX.

RAYMOND III ET IV

1335-1340-1393.

A. RAMUNDUS·DEI GRA·PRIC·AVRA

Or. Franc à pied.

Figure debout, tenant le sceptre et l'épée. Champ semé de trèfles simulant les lis.

Voy. Poëy d'Avant. Pl. 98, n° 6.

℞. XPC ✶ VINCIT ✶ XPC ✶, etc.

Types des francs royaux.

Voir ci-après.

Planche 1ʳᵉ, n° 3.

VARIÉTÉS

1A. RAMUNDUS·DEI·GRA·PRIC·AVRA

℞. XPC ✶ VINCIT ✶, etc.

Nomb. 4.

2 A. — Le même, avec AVRIA.

℞. — Le même que le précédent.

Nomb. 9.

3 A. RAMVNDVS·DEI·GRA·PRIC·AVRA

℞. XPIC ✶ VINCIT ✶, etc.

Nomb. 7.

4 A. — Le même, avec AVRIA.

℞. — Le même que le précédent.

                                                  Nomb. 6.

5 A. RAMVNDVS·DEI·GRA PRIC·AVRA

  ℞. XPIC. etc.

                                                  Nomb. 2.

6 A. RAMVNDVS·DE/I·etc.

  ℞. Le même que le précédent.

                                                  Nomb. 1.

La lettre M de RAMVNDVS, n°s 4, 5 et 6 est différente des premières.

JEANNE, DUCHESSE DE BRABANT
1392-1406.

1 A. IOHANNA : DEI : GRACIA : BRABATIE : DUX.

                                  Or. Franc à cheva.

℞. XPC ✶ VINCIT ✶, etc.

                                              Nomb. 19.

Voy. Vander Chijs. Pl. 11, n° 2, et catalogue, pl. n° 4.

ARNOULD D'OREY, SEIGNEUR DE RUMMEN
1350-1534.

A. IOHANNES : EVAR/G ET ERNOL : DNS : RVMMENX

                                    Or. Franc à cheval.

℞. XPC ✶ VINCIT ✶, etc.

                                              Nomb. 2.

Planche 1, n° 5.

ÉVÊQUES DE CAMBRAI

PIERRE IV d'André
1349-1368.

A. IOHANNES : LVCAS : MARCVS : MATAVS

          Or. Franc à cheval.

℟. PETRVS ✶ DI ✶ GR ✶ COMES ✶ EPISCOPVS ✶ FRACORV✶

          Nomb. 5.

Voy. Ouv. Évêques de Cambrai. Pl. 14, n° 5.
Planche 1, n° 6.

ROBERT II, de Genève
1368-1372.

1 A. RORERTVS : DE/I : GRAEPS ET C:OMES : CAMERAX

          Or. Franc à cheval.

℟. XPC ✶ VINCIT ✶, etc.

          Nomb. 1.

2 — Le même.
A. ROBERTVS : DEI :, etc.

          Or. Franc à cheval.

℟. XPC ✶ VINCIT ✶, etc.

          Nomb. 3.

A. ROBETVS ✶ DI ✶ GR ✶CO CAMERACEX

          Or. Franc à pied.

℟. XPC ✶ VINCIT ✶, etc.

Nomb. 6.

Voy. Pl. 15, n° 1 (*Évéques de Cambrai*). Ouvrage spécial.

GUY VI de Luxembourg, comte de Ligny
1364-1371.

A. GVIDO ✶ DE ✶ LVCENBOVRG ✶ COS' ✶ DLINI
Le prince debout sous un dais semé de lis.

Or. Écu.

℟. XPC ✶ VINCIT ✶ XPC ✶ REGNAT ✶ XPC ✶ IMPERAT
Croix feuillée des écus royaux de France, cantonnée de deux couronnes et de deux fleurs de lis. Cabinet de France.

Nomb. 7.

REMARQUE.

Sur trois pièces, une virgule est placée entre l'S et le D de COS'

Voy. Pl. 180, n° 18. Poëy d'Avant.
Planche 1, n° 7.

WALERAN III, comte de Ligny
1371-1413.

A. VVALERAD ✶ DI ✶ GACOM ✶ DE ✶ LINEIO

Or. Écu.

Le prince debout sous un dais, tenant l'épée et le sceptre.

℟. XPC ✶ VINCIT ✶ XPC ✶, etc.

Types des écus d'or royaux ; la croix cantonnée de deux couronnes et de deux lis.

Nomb. 1.

Planche 1, n° 8.
Voy. Poëy d'Avant, page 425 (Collection Monnier).

JEANNE DE NAPLES (Provence)

Reine de Naples et des Deux-Siciles.

1343-1352.

A. IOHANA·DI·GR·IHR·SICIL·REG

Or. Franc à pied.

Debout, robe descendante jusqu'aux pieds.
Ƀ. XPC ✷ VINCIT ✷ XPC ✷ REGNAT ✷ XPC ✷ IMPERAT

Nombre 3.

Planche 1, n° 9.

VARIÉTÉS

JEANNE DE NAPLES

N° 1.

A. IOANNA·DEI·GINR·ET·SICL·RG

Or. Franc à pied.

Ƀ. COMETISA ✷ PROVINCIE ✷ FOLCACERII ✷ AK ✷ P.

Nomb. 17

N° 2.

A. RE·DEI·G·IHR·E/T·SICL·IOANNA

Or. Franc à pied.

Ƀ. COMETISA ✷ etc.

Nomb. 29.

N° 3.

A. RE·DEI·G·IHR., etc.

R). XPC ✶ VINCIT ✶, etc.

      Or. Franc à pied. Nomb.

N° 4.

A. PRO·FOLC·IHRG·SICLIOAN·REG

      Or. Franc à pied.

R). XPC ✶ VINCIT ✶, etc.

      Nomb. 254.

N° 5.

A. PRO·FLOC·IHR·ET·SICL·IOAN·REG

      Or. Franc à pied.

R). XPC ✶ VINCIT, etc.

      Nomb. 41.

N° 6.

A. PRO·FOLC·IHR·ET·SICL·IOAN·RE

      Or. Franc à pied, champ semé de lis.

R). COMEIISA ✶ PROVINCIE ✶ ET ✶ FORCACERII ✶ AK ✶ P.

Croix fleuronnée et cantonnée de deux couronnes et des deux fleurs de lis.

      Nomb. 5.

N° 7.

A. ℞O·FOLC·IHR·ET·SICL·IOAN·RE

           Or. Franc à pied.

℞. XPIC ✶ VINCIT ✶, etc.

              Nomb. 6.

N° 8.

A. PROV·FOLCOTISA·IHA·IHRE·CICL·REX

           Or. Debout.

℞. XPC ✶ VINCIT ✶, etc.

              Nomb. 1.

N° 9.

A. PROV·FOL·COTISA·IHA·IHRE·CICL·REX

           Or. Franc à pied.

℞. XPIC ✶ VINCIT ✶, etc.

              Nomb. 2

N° 10.

A. Le même.

℞. XPC ✶ VINCIT ✶, etc.

Il existe un point sous l'H.

              omb. 1

N° 11.

A. PROV·FOLCOTISA·IHA·IHRA·CICL·REX

           Or. Franc à pied.

℞. COMETISA ✶, etc.

              Nomb. 3.

N° 12.

A. PROVICE·ET·FOL·IOA·ET·CICL·IIIR·REX
          Or. Franc à pied.

R'. XPC ✶ VINCIT ✶, etc.
          Nomb. 5.

LOUIS Ier, COMTE HÉRÉDITAIRE DE PROVENCE
1382-1384.

N° 1.

A. LVDOVICS : DVX : KALABRI : AND
 Figure debout dans un champ semé de lis.
          Or. Franc à pied.

R'. XPC ✶ VINCIT, ✶, etc.
          Nombr. 93.

N° 2.

A. LVDOVCS : etc.
          Or. Franc à pied.

R'. XPC ✶ VINCIT ✶ , etc.
          Nomb. 7.

LOUIS III, LE MASLE, COMTE DE RETHEL, ETC.
1346-1384.

A. LVDOVICVS : DEI : GRA : COMES : F/DNS : FLADRIE
          Or. Franc à cheval.

Le comte, à cheval, vêtu d'une cotte d'armes aux lions de Flandre, la tête couverte d'un heaume, surmonté d'un lion en guise de harnache; le cheval porte un riche caparaçon orné de deux lions.

R̂. XPC ⋆ VINCIT ⋆ , etc.

Nomb. 2.

Voir. Monn. des comtes de Flandre.
V°r. Gaillard.

Pl. XXV. N° 212.
Planche Ire, n° 10.

RÉCAPITULATION

PREMIÈRE PARTIE

§ 1er, No 1....	799	
2....	100	
3....	7	
4....	3	
5....	6	
6....	2	
7....	1	
8....	1	
9....	1	
10....	2	
11....	75	
12....	1	
13....	12	
Jean le Bon	**1,010**	
§ II. No 1....	5,611	
2....	1	
3....	1	
4....	15	
5....	1	
6....	1	
7....	1	
8....	4	
9....	2	
10....	1	
11....	1	
12....	2	
A reporter...	5,641	

Report...	5,641	
§ II. No 13....	1	
14....	130	
15....	157	
16....	79	
17....	53	
18....	5	
19....	48	
20....	1	
21....	1	
22....	1	
23....	1	
24....	36	
25....	29	
26....	16	
	6,199	
§ III. No 1....	58	
2....	2	
3....	3	
	63	

RÉCAPITULATION GÉNÉRALE

1re partie, § 1....	1,010
— § 2....	6,199
— § 3....	63
2e partie, § 4....	550
Ensemble	**7,822**

Certifié véritable, ce 17 août 1882,

A. STÉDRANSKY,
Numismate.

Paris. — Typ. PILLET ET DUMOULIN, 5, rue des Grands-Augustins.

www.ingramcontent.com/pod-product-compliance
Lightning Source LLC
Chambersburg PA
CBHW071203240526
45470CB00017B/1254